한 바퀴 돌아서
횃불 김칠선 시집

문학의봄 시인선
019

한 바퀴 돌아서
문학의봄 시인선 019

초판발행_2020년 8월 20일
지 은 이_김칠선
펴 낸 이_이시찬
펴 낸 곳_도서출판 문학의봄
편집출판_박찬희
등록번호_제2009-000010호
등록일자_2009년 11월 19일
주　　소_15801 경기도 군포시 곡란로 26.
　　　　 매화아파트 1408동 1101호
전　　화_010-3026-5639
전자우편_mbom@hanmail.net
다음카페_http://cafe.daum.net/bombomspring

ⓒ 김칠선 2020

인　　쇄 | 대한인쇄씨엔씨
ISBN 979-11-85135-27-4 03810

값 9,000원

* 이 책은 전부 또는 일부 내용을 재사용하려면 반드시 저작권자와 도서출판 〈문학의봄〉의 동의를 받아야 합니다.

* 이 도서의 국립중앙도서관 출판시도서목록(CIP)은 서지정보유통지원시스템 홈페이지(http://seoji.nl.go.kr)와 국가자료공동목록시스템(http://www.nl.go.kr/kolisnet)에서 이용하실 수 있습니다. (CIP제어번호 2020033247)

한 바퀴 돌아서

횃불 김칠선 시집

문학의봄 시인선
019

이제 여백을 응시하라
산 자에게는 젖줄을
죽은 자에게는 이름을!

본문 페이지에서 한 연이 첫 번째 행에서 시작되면
〈 표시를 합니다.

■ 시인의 말

첫 시집을 내면서

 한 그루의 시목詩木을 기르기 위해 참 무던히도 많은 시간이 흐른 것 같다.

 돌아보면 뿌리에서부터 열매에 이르기까지의 삶이 곧 시가 되었고, 과정에서 만났던 햇볕과 바람과 비와 눈이 정精을 키워, 이제 떨어져 갈 낙엽에 내 모든 걸 실어 보내는 단계에 이르러서야 비로소 '한 바퀴 돌아서'로 제목을 정했다.

 남은 삶도 고향 여수지역의 사회적 약자들의 어려움을 돌보면서, 아울러 1948년 여순항쟁 때 억울하게 돌아가신 이들의 명예회복을 위해서도 노력하며 살고 싶다.

■ 차례

1부 삶

자성 _13
벚꽃 엔딩 _14
변방으로 가라! _16
촛불 하나를 더하며 _18
염색 _20
고뇌 _22
분재 _24
자화상 _26
대추 _28
달팽이 경주 _30
새 _32
달력 _33
빈터 _34
시원^{詩源}의 자리를 찾아서 _36

새벽 3시 _38

서재 _40

시인의 새벽 _42

우정 _44

여수 바다 _46

여생 _48

2부
젖줄을 찾아

아버지 _51

달팽이 _53

최초의 라면 _54

발바닥 _56

짜장면 _58

가을풍경 _59

오동도를 알려거든 _60

여수 연가 _62

바다의 숨결 _64

막걸리 _67

하루 _68

고구마 _70

양봉채를 위하여 _73

홍시 감 _75

못난 것도 사랑이다 _78

빙빙 _80

햇살 _82

나라다운 나라로 _84

인간 농사 _86

화도花島 _88

3부
이름을 찾아

개구리 _91
가을의 전설 _92
여수도 울고 싶다 _94
시로 쓰는 여순항쟁 _96
강 이야기 _98
여순항쟁의 서막 _100
떠도는 혼 _102
여순10.19의 기억 _104
저항 _106
정기덕 _108
항쟁의 꽃 _110
여·순의 달 _112
여순항쟁의 추억 _114
여순항쟁이 꽃필 때 _116

행복한 날 _118
동백은 어찌 붉은가 _120
재생再生 _122
툭 _124

작품해설

못다 한 함성, 촛불로 다시 피어나고 / 이정훈 _126

추천사

개동 이시찬 _147
과천 박찬희 _148

1부

삶

자성

글에 설탕이라도 묻혀 굴려볼까

개미 한 마리 얼씬 하지 않는 꿈의 집

그래도 계단은 있어 누군가는 밟고 오른다

조금 먼저 올랐다고 키 재고

글 떠난 말 속에서 전설이 된다

무더기로 쌓인 상념의 시체들

좁은 방에 풀 한 포기 나지 않는 묘가 되어 누워있다

자유, 정의, 진리는 왜 날개를 달지 못할까

가슴이 없기 때문이다

나발만 불기 때문이다

결국 사랑이 없기 때문이다

다시 처절한 고독으로 시작한다면

십자가에 매달릴 수 있을까?

벚꽃 엔딩

조금 더 피고자 하는 꽃은
머무르고 싶기 때문이다
기다리던 날이 오고
서로 부비며 가지마다 뚫고 나와
한 겨울이 갔음을
시린 날의 고통이 가라앉았음을
꽃잎으로 뭉쳐 외친다

고목의 심겨졌던 날을 탓하지 말라
맞서 싸웠던 당당한 세월을 알기에
침묵으로 웃지 않는가
한 잎 떨구는 미소가 눈물임을
벌들이 대신 통곡하지 않는가
이제 떨어져 꽃 잔에 머물면
수많은 시신들이 바람에 쓸려가리

한낮의 꿈일지라도

사진 한 장으로 남을 지라도

중앙여고 앞의 어느 한 순간이 있었기에

흐드러졌던 그 날 오후

웃었던 울음

꽃이여, 또 다른 서러움이 올지라도

봄에 터져라

변방으로 가라!

그대, 글을 쓰려거든 변방으로 가라

고독한 광야에서 어둠과 맞서

첫 칼을 휘두르다 피 흘리는

아스라한 곳의 전설이 되라

꽃향기도 알지 못 하는 담장을 넘어

단지 인류의 한 사람으로

너의 글 하나로 쓰러져

바람에 실려 오는 인향(人香)이 되어라

물밀듯 밀려오는 황금만능에 맞서

야망과 욕망으로 점철된 출세주의에 맞서

생존경쟁의 폐허 속에서

냉혹한 이들과 한판 승부를 펼쳐라

그대 순수함의 방패와 열정의 창으로

감정과 언어와 운율이 만든 의미를 더하여

농밀하게 응축된 시를 써라

혹간 가난과 외로움, 고통과 서글픔의 반란이 일더라도

막막하고 분한 감정, 통찰로 이겨내고

시로써 불타는 횃불을 들어라

변방에 홀로 서서 횃불을 들어라

촛불 하나를 더하며

둥지에 바람이 불어서도 아니다

뛰어내려야 할 때이기에

새끼들이 첫 나래를 편다

날아야 하기에 떨어진다

바람 부는 날 저녁

둥지 같은 컵 속에서 붙여진 불도

들어야 할 때이기에

제 몸 태우며 일어선다

진눈깨비 내리는 병신년丙申年 11월 26일

마음에 이미 지펴진 불씨 살려

타올라 태워버려야 하기에

광장에 선다

흐르는 눈물에 반짝이는 빛

왜, 두렵지 않으랴!

생사의 갈림길

떨어지고 들려지며 타오르는 생명이

멀지 않은 세월 속에 사라져 갈

운명으로 가는 길

함성으로 모아지는 기도 따라

촛불 하나를 더한다

염색

하얗게 온 세월에 물을 들인다

새치가 생겨나던 5.18
지랄탄의 하얀 가루가 미친듯 쫓으면
노동청 높은 담은 왜 그리도 낮던지
정신없이 넘고 뛸 때
아가씨가 물수건을 내민다
친구는 하얀 저고리에 수인번호 달고
그 맑은 모습에 눈물만 뚝뚝

귀밑머리조차 희어질 무렵엔
참교육의 깃발
못다 한 함성, 못 쏟았던 눈물
서울로 향하다 잡히면
언제나 살아났던 '임을 위한 행진곡'
신풍파출소 앞 그 뜨거운 아스팔트에서 구워지던

굴비 같은 동지들

한 바퀴 돌아 찾아온 세월

길을 찾아 나선다

노동청 길, 신풍파출소 길, 친구가 다녔던 길

어느덧 역사 속에 묻힌 눈물의 길

그래도 하얗게 온 세월이기에

비켜가지 않았던 마음 고이 접어

염색을 한다

내일로 가기 위해

고뇌

책상 위에는 사탕 한 알

컴퓨터, 수북한 연습장

몇 킬로를 달릴 수 있는 볼펜들

이제 달콤함도 사라지고

손쉬운 글들의 쓰레기장만 남았다

그렇게 먹고 싶던 바나나우유를 몽땅 사서

꾸역꾸역 마시며 내려왔던 야간열차의

어릴적 욕구불만에 대한 보상도

알고 싶어 도서관을 찾아헤매던 갈증도

아껴 곱게 쓰던 공책의 소중함도

연필 깎다 갈던 칼에 심이 부러질 때의 안타까움도

책상 위에서 떠났다

바다에 배 지나간 듯

쌓인 책에 손길은 흔적 없고

먼지 낀 상념 속에 불쌍한 비둘기만 구구대니

씻어낼 땀을 언제나 흘릴까

언어를 갖고 노는 마술사가 아니라

언어에 땀 흘리는 시인이 되고 싶다

분재 盆栽

헛발질도 좋다
뻗자
질러대기 위한 주먹
풀리면 꽃이 되리

산의 기억은 바위틈
살아 꽃 피리라 맹세하며
잘려온 지 수 년
어느 창가에 앉아서도 웃는다

내가 되기 위한
목마름
만들어지며 길들여진
수돗물 먹는 수도승

허공을 쳤던 팔

나를 찾아

꽃을 피운다

꽃 눈물을 떨군다

자화상 自畵像

거울 없이 나를 본다
몰려 있는 떼거리 속에서
그들의 얼굴은 태극기가 그려지고
토해 내는 거친 함성은 애국의 절정이다
이윽고 민낯으로 돌아와 보니
순국선열처럼 남아 쓰러져 있는 쓰레기들
그 속에 내가 보인다

화장하고 빛이 되어 나선다
그늘진 곳에 내미는 손길
그들의 명함에는 자랑이 가득하고
속삭이듯 부드러운 목소리에 자애가 넘친다
이윽고 민낯으로 돌아와 보니
라면박스 위의 무심한 얼굴들과 빛나는 웃음
그 속에 나도 웃고 있다

〈

가만히 있어도 홀로 되기에

무리 속으로 들어간다

그들의 모습은 정의로 넘쳐나고

형제로 뭉치며 서열 또한 아름답다

이윽고 민낯으로 돌아와 보니

그들이 밀어냈던 그 자리만 그들로 바뀌었다

그 속에 나도 끼어 있다

나 하나의 나를 그려본다

길 없는 길 위에서 방황하더라도

든든한 다리 만들어 처음처럼

그 길에서 만난 사람과 같이 걷고 싶다

울긋불긋 꽃동산 넘으며

함께 가는 길에 접어들어

비로소 내가 나 되어 가는 모습을 보고 싶다

대추

나를 찾아 떨어진다

덜 익어 생채기 난 푸른 이별이라도

굴러야 할 길이기에

이리저리 구르다

자리 잡은 소쿠리 깊은 곳

몸 빛깔을 풀고 나를 찾아 떠난다

하늘의 구름이 붉은 빛으로 찾아 오고

깊은 골 새소리가 길을 만든다

씨를 향한 순례

하루의 삶이 영원임을 알기에

곡기 끊은 맑은 바램

며칠 더 버티다

별이 된다

은하수처럼 눈물 흐르는 밤

향 내음 가득 맡으며

다 마른 육신들끼리 모여 앉아

떠난 자를 위로한다

비로소 나를 찾았기에

제상 제기 위에 자리한다

달팽이 경주

어둠은 악^惡이 아니다
숨어야 살기에 찾는 안식이다
마르지 않은 몸을 지닌 것은
느리게 가야 하기 때문이다
쉴 곳마저 지고 다니며
풀잎 한 장에 족해
가는 길도 더듬는다

상추밭의 상추 한 잎
먹은 죄로 잡혔다
잠시 빛으로 끌려나와
풀벌레 잡던 집에 던져졌다
어둠을 찾은 안심
그 위에서도 더듬어보지만
결코 풀 한 잎을 떠나지 못 한다

〈

우주의 한가운데 끌려나왔다

잔치가 시작되면

살기 위한 몸부림은 기는 것

더 큰 원에 닿으니

빛이 터진다

죽음으로 몰아넣는 마른 경기장

달팽이 뿔 위에서 다툰다

새

긴 강에 홀로 나는 새를 보라
작은 눈에는 온통 물빛
산맥 사이로
홀로 떠 간다

밝게 보이는 날의 잔상
어둠이 침묵으로 잠재울 때
외롭지 않는
기쁨이 있다

순례자의 길

누군가 만들어 놨을 기억이라도
다시 쓸 수 있는 건
삶의 연줄을 붙잡고 있기 때문이며
하루를 영원으로 날기 때문이다

달력

당신은 내 속에 있습니다
예정된 어느 날 뜯기지 못할 때
당신이 나를 두고 떠난 것이지요
하지만 기억할게요
푸르른 날 오후의 금남로를
도망쳤던 흥국사의 개울을
마침내 들었던 촛불의 추억을
언제나 하루를 살았던 당신
지금 당신 곁에 또 다른 날을 펼칩니다
누구엔가 깃들어 영원히 사세요
번호판 뒤에 숨어 울더라도
다시 올 수 없는 당신을 그리워 할 겁니다

빈터

산을 밀어내고
빼곡이 채워진 아파트
나무에서 쉬어야 할 새가
베란다 화분에서 졸고 있다

아련한 추억도 가물가물
비문증에 시달리는 눈만큼이나
날아가는 생각을 잡아도
감은 눈의 어둠에서야 쉴 수 있다

마음에 둘러쳐진 울타리
바깥 바람을 막으려 해도
안에서 내리는 비에 젖어
다 내려놓고 만다

졸고

쉬며

내려놓아도

빈터만 남는다

시원詩源의 자리를 찾아서

나로 돌아가는 자리를 묻는다
늘 그냥 지나쳤던 모퉁이 꽃과
개구리를 패덕이 치는 개구쟁이 사이에서
핏빛은 혼으로 스며들지만
내 모습은 보이지 않는다
아무리 닦아도 죽을만큼 고통스럽지는 않은 듯
닮은 듯 다른 모습
나는 어디에서 왔을까?

기록 영화의 흑백 필름을 돌려본다
빛의 장난
푸르던 붉던 검게 단장하고
상처를 지배한다
터져 나오는 자리에 메스를 대면
피는 흐르지 않고 욕망만이 꿈틀
만들어졌던 지경이 열리니

벌레 한 마리 현미경에 잡혀 있다

바람이라도 떨림을 찾아 나선다

눈동자에 물들이는 낙엽

비로소 만나는 너와 나

거기에 내가 있다

새벽 3시

잠을 깨면 새벽 3시
딱히 할 일도 없는데
눈은 다시 무언가를 봐야 한다
첫 눈 내린 들판을 걷듯
눈 속에 숨은 지뢰밭을 걷듯
오도 가도 못하는 발길
추위에 떨고 있는 글을 끄집어낸다
한 숨도 자지 못한 글이 서럽게 운다
요즘 글로 태어났기에 더 서럽다고
꽃을 꽃으로 부르지 못하고
눈으로만 피다 지는 꽃이 되라고
파랗게 질린 얼굴로 쏘아보고 있다
동이 트면 다시 화장할 얼굴들
손에서 손으로, 눈에서 눈으로
그렇게 퍼지는 숱한 말로
충혈되는 눈에는 눈물도 마르고

무자비한 손가락이 자판을 때린다

암흑

다시 켤 때는 제발 나비와 함께 있으라

이 산 저 산 만발한

어린 꽃잎들의 하품이 태양을 불러오는

아침의 나라로 태어나라

오도 가도 못하는 새벽 3시

아내조차 떠난 시간

글도 떠난다

서재 書齋

오래 앉은 의자에서 허물이 벗겨진다
몸보다 무거웠던 생각들
버티다 스스로 떨어진다
벗는다는 것은 가벼워지는 것이기에
멈추면 보이는 것조차
눈물로 씻어내면
지우개 비늘처럼 널려지는 잔상들
쓸어 쓰레기통에 버린다

사연과 사람들
하나였던 것들은 사실은 붙어 있던 것이었다

생각이 허물을 벗는다
인연의 바다 끝이
모래로 부서지는 해변임을 알기에
갈매기로 날려 한다

더 높아져서 편하고

더 멀어져서 푸르른

피안을 향한

점이 되려 한다

돌아온 책상 위에는 여러 시간들이 합쳐져

다소곳이 앉아있다

시인의 새벽

보이기 시작할 때부터가 천지창조다

밤새 두드려 맞은 시계와

맷집 좋게 버텼던 영혼이

쓰러져 갈 무렵

세상이 열린다

바쁜 마음이

혼돈을 뛰어넘고

펜 끝으로 달리며

깜박이는 섬광을 잡아내려

발버둥친다

빛과 어둠의 사이

잃어버리면 또 다시 물끄러미 다가올 시간표

영원을 잡을 수 있는 골든타임

모두가 죽었던 시간을 넘어

부활한다

함께 보낸 어둠이 몸을 풀었다

그토록 깊은 밤, 소리없이 앓다

빛을 불러

꽃을 피운 것이다

눈동자가 맑아지는 세상이 온다

우정友情

눈에서 뭔 물이 그리도 많이 흐르는지

화태리 버스만큼 갔더니
제법 바다도 웃고
주전자 막걸리도 출렁이는데
바다 마실 다녀온
이장은 갯바위를 닮았다

굴 껍질 까먹던 계집 이야기
점점 짙어지는 해무
비닐 밖 바람소리 굵어지더니
얼굴로 물결이 쳐 온다
언젠가 누가 죽었던 모양이다

버스는 돌아가려고 왔는데
화장실 뒤에 숨었던 친구

손수건으로 얼굴을 덮었다

모두의 가슴에 일렁이는 파도

갯바위의 파래마저 쏠린다

눈에는 뭔 물이 그리도 많은지

또 쏟아진다

여수麗水 바다

오동도를 띄워놓고

설레는 가슴 열어 붉게 뜨는

하루의 시작은

바다다

어디에서 잡혀온 지 모르지만

표정으로 소리치다

팔려가는 고기들의 고향도

바다다

오후 2시의 자산공원이 졸릴 때

팔각정에서 둘러보라

매달리고 떠다니는 꿈들이

바다를 떠나지 못함을

바다로 밀려왔다 바다로 사라진

바다의 이야기

여수는

그 바다가 품고 있다

그대, 석양이 물끄러미 내려다볼 때쯤

눈시울이 붉어지면

낭만포차로 가라

여수 밤바다가 사랑할 것이다

여생餘生

알 수 없이 남아있다는 것은

기대와 여유의 다툼이다

씨앗이 열매를 찾아갈 땐

낮과 밤이 길어

하늘만을 보지만

꽃이 필 무렵부터

땅을 살핀다

어떤 모양으로든 다 떨어져야 하기에

뿌리를 본다

환갑還甲은 깨달음부터 온다

크든 작든

원圓 하나 그렸기에

하늘과 땅이 만나는

기적의 시작이다

비로소 고개를 들면

여생餘生은

그리지 않아도

그려져 있는 삶이다

2부

젖줄을 찾아

아버지

아버지는 비를 맞고 계셨습니다
우리 식구 중 키가 제일 크셨기에
늘 받혀만 주셨지 받여줄 사람이 없어
아버지는 오롯이 비를 맞고 계셨습니다

먼 산 높은 봉우리의 짙은 안개는
아버지의 눈이셨습니다
아무도 가보지 못한 곳에서
홀로 지쳐 쓰러져 우는 눈물이셨습니다

붙지 못하고 돌멩이로 다닐 때는
바람 빠진 타이어 바퀴에도 튕겨나갔던
마지막 전사의 모습으로
결국 어두운 골방 아랫목에 누우셨습니다

싫다고 밀어내는 막내아들의 작은 힘에도

장난처럼 쓰러져 웃음 반, 울음 반

아버지에 대한 잔상은

항아리 속 다 타버린 재로 남았습니다

달팽이

햇볕의 밖은 어둠이다

빛에 눈멀었을 때

달팽이는 상추 밑에서 살며시 기어 나와

텅 빈 옆 그릇으로 옮겨 간다

초장에 범벅이 되었어도 간다

요양원 입구 갈비집 풍경

자지러지게 웃는 얼굴들 손에는 손수건이 들려있다

마주보면서도 "누구요?"라고 묻는 엄마라서

돌아가기에는 이미 낯설어진

늦은 통곡

긴 복도 끝에서 쥐고 있던 것이다

밖으로 나온 달팽이가 삭막한 그릇에 붙었다

불려온 주인의 얼굴과 닮아

뿔을 어디에 댈 줄 모를 때

요양원으로 돌아가야 할 엄마가 웃는다

모두의 가슴에 달팽이가 살아난다

이제 각자의 길을 갈 때다

최초의 라면

가난한 곳에 내민 기름기는 라면이었다
손주 딸을 잠시 잃은 충격에 실어증을 앓고
수족의 절반을 쓰지 못 했던 아버지께서
첫 라면 한 봉지를 사셨다

제 복은 제가 타고난다고
노점상 하다 들어와 혼자 낳은 아이 7명
어머니는 댓돌 위에 고무신을 가지런히 놓으셨다
7형제의 탄생이다

어항 속 붕어처럼 늘 입놀림 하며
먹을 것 없는 부엌을 들락거릴 때
어느 날 약간의 기름기가 서린 탕 7그릇
제 몫 찾아 맛있게 마셨다

큰 솥에, 라면 한 봉지

아버지께서 이룬 오병이어의 기적

몇 가닥 라면 찾아 헤맸던

그 시절 아버지는 하나님이셨다

발바닥

정년퇴임 날 다리를 본다
이곳 저곳 흠집이 제법 추억거리다
깊고 진한 색은 노래 부르다 넘어질 때
그 옆의 흔적은 축구하다 채인 곳이다
툭 튀어나온 큰 힘줄 하나가
발로 향한다
마침내, 발바닥에서 굳어진 이야기들
바다를 딛고 선 바위에 붙은 석화처럼
살 껍질에 핀 꽃을 떼며 생각한다
5월 광주의 최루탄을 뚫고 달리던 절규
8월 그 뜨겁던 여름의 교문 앞 아이들 울음소리
돌아온 시골학교, 홀로 핀 꽃처럼 하얗던 할머니들
가을에 핀 코스모스 사이를 달리던 중고 오토바이
아내는 등 뒤에서 우유와 빵을 들고 있었지
그렇게 세월은 흘러 만 62세 정년퇴임 날
디뎠던 날들이 숨어들어 굳어진

풀어내지 않으면 묻히는

발바닥을 본다

아내의 발바닥 색도 닮았다

짜장면

면은 부드럽고 유연하게 만드는 것

철가방 들고 뛴 거리만큼

엄마는 먼 곳에 있기에

그리움에 면 줄기는 가늘어져도

결코 떨어지지는 않았다

설움의 옷을 찢어 프라이팬에 볶는다

겹겹이 쌓인 눈물

살 타는 냄새

묻혀진 역사만큼 짙은 어둠 속에서

양파가 익는다

그 때가 언제였더라?

끊어지지 않으니 결국 다 덜어낸 후

짜장만 입에 바르고 웃던 엄마

상황버섯과 만나 면은 탱탱해지고

가야 할 길은 꿈처럼 열리는데

잘게 썬 오이가 덮이니

엄마는 눈앞에서 웃고 계신다

가을풍경

내 몸이 가을색으로

갈아입었습니다

이제 호수에 떨어지는 건

주로 낙엽입니다

하지만 큰 파문은 일지 않아

그대로 산을 담을 수 있습니다

높고 맑았던 산도

오롯이 품에 안기고

바람도 차가워지기 전에

어루만지고 지나갑니다

가을이 물든 눈동자에는

할머니께서 웃고 계십니다

오동도를 알려거든

오동도를 알려거든 사랑 하나 가져오라

긴 파이프에 물오른 동백이

불씨 되어 숨어 있어

연기처럼 솟는 등대, 갈매기 퍼지는 날

파도가 몸부림 칠 때

가져온 사랑을 펼쳐 던져라

스무 살의 청춘

손목 한번 잡지 못한 설렘의 줄에

익은 몸 함께 끼워 내달리면

동백은 스스로 피어올라

오동도를 말하리라

오동도를 알려거든 긴 열차를 타라

스쳐 지난 모습 다시 살아

두 선으로 이어지리니

오동도는 가슴의 기적

선혈로 절개로 꽃 펴

남녘은 동백이 되고 시누대가 되고

노을은 그리움이 되리라

그대 여수에 오려거든

동백이 눈뜨는 겨울에 오라

시린 손 마주잡고 사랑을 나눌

따뜻함이 그리운 섬으로 오라

여수 연가戀歌

여수를 때려보면 생선이 튄다

못처럼 박힌 아파트들

바다의 겉이라도 보려 키만 잰다

그들은 언제나 육지 편에 섰지

바다는 낮은 것들의 세상이라고

뱃놈, 물질이라 했다

그래도 여수를 살린 건 물 속

자식 키우고, 끼니를 메꿨다

여수를 떼어내면 별들이 뜬다

밤 되면 밝혀지는 백야성, 상·하화성……

육지의 수문장이다

왜적이든 태풍이든 막아서서

늘 그 자리에서 이를 갈며 버텨냈다

약무호남 시무국가若無湖南 是無國家

진남관 눈길 아래 펼쳐진 진세

나라와 육지를 지켰다

여수를 파들어 가면 눈물이 고인다

조개 파는 호미에 찍힌 헝겊

퉁퉁 부은 젖 동여매었던

어느 보도연맹 여인의 무명천이다

갈라서지 않으려는 몸부림이

주변을 맴돌다 남긴 마지막 유언이다

'바다처럼 합해져'라고

'물 속 것들처럼 자유로워져'라고

바다의 숨결

며칠째 앓던 바다의 숨이 거칠다

삼켜졌던 이물질에 배탈이 생겼다

힘 빠진 공기에 오한이 나더니 토한다

태평양에서부터 울렁이던 속이 뒤집혀

기어코 장등모래사장까지 닿았다

쏟아놓은 것들이 흩어진 해안가

깨진 유리병, 플라스틱, 버려진 옷가지, 찢긴 그물

주인 잃은 낚시바늘은 아직도 바다를 할퀴고 있다

마지막 단말마의 비명을 지르던 고통이 간 후

스러진 파도의 신음소리가 약해질 무렵

축 처진 바다가 하늘을 본다

물결은 바다의 숨결이다

소리 없는 곳에서 태어나

잘게 부서져 불어오는

들판의 산들바람이다

천둥 친 후 볕 들 때 떨어지는

낙숫물 소리다

고래가 숨 쉬려 수면 위로 오르듯

토하지 않으면 멍들어 견딜 수 없는

버려진 것들이 다 쓸려 드러나는

바다의 끝자락

물결은 거기까지도 숨을 쉬었다

태초의 말씀처럼 뻘게들이 움직였다

뚫어놓은 수많은 구멍구멍이

찾아오는 물의 어루만짐으로

뽀글뽀글 끓어오른다

갯지렁이도 꿈틀거리고 조개도 입을 열었다

노을 진 후 어스름 밤

생명의 합창이 터질 때

별빛 찬란한 물결이 쳐 오고

바다는 다시 숨을 쉰다

아픔을 막아주던 섬들 사이로

바다의 숨결이 고요히 흐른다

막걸리

젖은 걸걸히 목을 타고 뿜어지고

다시 담긴 툭 사발 가득 이야기가 솟는다

이야기는 청춘으로 돌아가고

얼룩 구두에서 전당포까지 가다

결국 다시 대폿집에 멈춘다

익어가는 젖가슴

흔들어 주는 기쁨에 유산균은 춤을 추고

이른 아침 황금색이 똬리를 틀면

또다시 밀려오는 누룩향기

주전자의 목이 길어지는 밤이 되면

어김없이 젖줄에는 향수가 흐른다

하루

해는 뜨기 전부터 아프다
땅과 바다를 뚫어야 살기에
벌건 피 쏟으며
애기 호두알로도 거칠어진다
금방 세상을 낚아챈 후
빛으로 스스로를 닦는다

구름의 잔물결을 가른다
좀 더 멀리, 좀 더 깊이 봐야 하기에
벌레 한 마리의 갈 길도 인도하며
세상을 벗긴다
뜨거움을 향하여
가장 높이 선다

기울어진 오후 2시
소리가 소리를 죽여 고요함으로 멈출 때

툭 떨어지는 낙엽

시련은 물빛으로 흐르고

고였던 설움도 홍시가 된다

이제 지려 하는구나

몸이 다시 아파온다

서산 마른가지 거미줄 위에

노을의 상처가 걸리면

빛을 내려놓는다

쉬어야할 때다

하루를 사는 것은 영원히 사는 것이기에

고구마

나지에 밭을 갈았다

흙 반 돌 반

괭이와 돌의 사투 후

아내가 다독이니

땅이 순하게 웃는다

추울세라 검은 비닐을 씌우고

숨통을 틘 후

애기 순이 고갤 내밀 때

생수병에 물을 떠

젖을 먹였다

아내도 웃었다

목을 곧추세우는 고구마 순이 대견한 듯

국밥집 막걸리로 축하하고

애기 보듯

산책길을 열었다

해가 뜨면서 걱정이 늘었다

뭉클한 구름이 젖을 먹이지 않아

초췌해진 얼굴로 신음하니

아내부터 병원에 가고

내 발길도 끊겼다

아픔을 이기는 건

보고 싶은 마음

돌아온 첫걸음은

테러를 당한 듯 널브러져 있는 밭

시간이 멈춘다

누워 조용히 올려다보는

평온한 아이의 얼굴

아내는 떨리듯 쓰다듬고

한동안 바라보다

돌아섰다

양봉채를 위하여 -평생 외로웠던 친구에게

죽어서도 외롭고 싶지 않아
봉두화장터 무연고자들 뼛가루 위에 덮인다

마지막 남긴 사람의 냄새는 노크
빈속의 창자에서 마른 피부로 문틈으로
비로소 사람들이 들썩인다
신고하고 문을 따고 무연고자 시신 안치실로

몇 년 간 사라졌던 이름 밑에 딸린 글
"가시는 길이 외롭지 않게
배웅해 드려야 할 것 같아서"
배웅해 드려야 할 것 같아서…….

뜨겁지 않은 날이 없었던 80년대 말
전교조는 다 선생이었는데
그는 무직이었다

이리저리 떠도는 풍물패의 상쇠였다

참교육의 함성으로 '전교조!'
무거운 만장의 깃대는 그의 몫
투쟁의 서울로 가는 길
언제나 허드렛일은 그를 있게 했다

남루한 개량한복이 전투복이었고
'순천집' 막걸리에 젖어 장단을 두드리던
돈과 권력을 뛰어넘었던
시대의 저항자, 역사의 부평초!

오늘, 단 한줄기 흐느낌을 타고
죽어서도 외롭고 싶지 않아
봉두화장터 무연고자들 뼛가루 위에 덮인다

홍시 감

효도하게 하는 공부는 학교에서 못 시켜요

좀 도와주세요

선생의 사정사정에 녹아드는 할머니

다녀간 자리도 탁탁 털기 십상인데

대문을 열어둔다

보름에 한 번 날아들어 기웃거리는 참새떼마냥

마당에서 부엌으로 청소거리를 찾지만

손길은 이미 와닿아 있다

머리카락 뽑기는 애초에 틀렸기에

누운 할머니 손발 하나씩 맡아 주무른다

게슴츠레 뜬 눈으로 온종일 뛴다고 푸념 하는

할머니 TV에는 마라톤 중계

아무래도 옛이야기 하고 싶으신 모양이다

손 아플 거라고 그만 하라지만

싫지 않은 표정에 신이 난다

처마 밑 비료포대

아이들이 찾아온 날부터 이야기가 새어나가

닫혔던 이웃들이 들여다보더니

이장님이 갖다 놨다

대포집의 아버지들도

손가락 하나 까딱 않던 자식들이 남의 집 청소한다고

놀리는 듯 자랑하며 안주거리로 삼는다

담장 가의 감나무는 평생 간식

할머니 눈에서 떠나지 않더니

점점 무르익어 노을빛이 서릴 때

까치와의 전쟁이 시작되었다

전리품으로 따 놓은

아랫목 바가지에 담겨 있는 홍시 감

아이들의 간식이 되었고

할머니는 마음을 되찾았다

못난 것도 사랑이다

쓸데없는 것들이 세상에 어디 있으랴

엄마를 곁에 두고

뵈지 않으니까 울어제치는 아이처럼

돌아보면 한 번 갈 일

되풀이 다녀왔던 기억들

그래도 엄마는 찾았고 일은 마쳤지

시간에 버릴 것은 없다

부끄럽다 하여도 생각이 따라오고

감격의 날도 늘 바뀌리니

저울에 달리는 사연

감출수록 새겨지다

꿈이 된다

탓할 것도 없다

포말이 어찌 돌부리 탓이랴

상처의 흔적이 나이테 되어
살았던 이야기로 돌아오리니
속으로만 아팠을지라도
엑스레이 판에 가슴 내민다

어디로 갈 것인가 걱정하지 말자
가을이 갈잎 되어 산을 오르듯
겨울이 들판에서 방황하듯
찾지 않은 길에서 우리 만나리니
어리석음에서 오는 따뜻한 아픔
못난 것도 사랑이다

빙빙

대문 나서기가 두려워

마당에서 빙빙

먼 산은 이미 눈에서 떠났기에

가까운 것들과만 친하다

사람인데 사람을 볼 수 없어

방 문턱에 나와 보지만

먼저 온 어둠이 늘 막아서서

아래채 부부의 자취만 엿듣는다

움직이는 건 나이만큼 지친 TV

언제쯤부터 얼굴이 길어지고 흔들리더니

이제 가래 끓는 소리까지 낸다

이장을 통해 찾은 골방

안테나 몇 번 돌려 맞추면 제얼굴이 될 화면을

아무도 찾지 않는 세월동안 봐 온

사람이 없었던 날들에 미안하여

중고 TV를 끌어왔다

"아이고, 3년만 볼 것 해줘"

"할머니, 10년 볼 것 가져왔어요"

밝아지는 얼굴

그래도 대문 나서기가 두려워

화장실 있는 데까지만 나오시는 할머니

햇살

그녀의 영혼이 밤새 떠날까 걱정되어
덜 익은 몸으로
바다에 뛰어들어 금빛 살을 쏘면
촛불로 피어 있는 고목나무
마음 놓고 그늘을 지운다

어느 바람 불던 날
뚫린 구멍 안고 길 위에 버려져
기억할 수 있는 기억조차 애써 삭이고
까마득히 실려와
그녀는 복지원 담장 안에 자리를 잡았다

통유리 건너 먼 바다를 향해
닿지 않는 시선으로 이끼가 낄 무렵
텅 빈 가슴에
햇살 가득 부어주니

친구가 되었다

오늘은 다람쥐 들락날락

재롱잔치

낮 전등에 밀려서 시린 눈 비벼보니

웃음 반, 울음 반

그녀에게도 손주가 있었을까?

썩어 문드러진 속살에 살구 씨

석양으로 온 몸에 타올라

다 토해 낸 울음으로 연지를 찍고

행여 다시 볼 수 있을지

저녁으로 떠나며 입맞춤 한다

나라다운 나라로

꿈틀거린다

촛불에 달궈졌던 나라가

묵은 새치를 뽑고 있다

쳇바퀴를 돌려도

근육이 붙듯

어느 작은 파도소리에도

갯바위는 아프다

거쳐 온 길은

달라지는 것이다

다 가진 자의 나라가 나라더냐?

권력과 재물과 명예가 한 물에 들면

다 합해진 색이 검어지듯

뱃속까지 검어져

어둠에 침몰한다

길 잃은 나라에는 촛불이 켜지고

짙었던 어둠만큼 밝아지면

봄이 오고 나비가 난다

나라다운 나라를 향해

*맑은 하늘아래 사람이 살고

빈터에서 걱정 없이 노는 아이들

무엇하나 밟을 수 없기에

피해 먼 길을 떠나자

괜히 어려운 소리 말고

잃어버린 고향을 찾아

슬픔과 고통을 나누자

떠날 때까지

앓고, 사랑하고, 그리워하며

* 녹색평론 故 김종철 선생 마지막 말씀 중

인간 농사

농사는 발로 짓는단다
지천에 깔려있는 먹거리도
찾아가서 만져줄 때 몸을 준다
사람도 이와 같아
따뜻한 눈길과 마주칠 때
벗겨지지 않았던 가면도 녹는다
그 속의 슬픈 눈물을 닦을 수 있다

사람은 만나야 한다
건강을 위해 걷는 만보의 걸음이
골목을 찾을 때는
햇볕이 되듯
그늘진 곳
요양보호사나 돌봄이 찾더라도
어느 한 귀퉁이는 비어 있기에
만나러 가야 한다

사람이 그리운 곳은

넓은 들판만큼 좁은 골목일 수 있다

혹간 버려지지 않도록

생명을 거두는 농사를 지어야 한다

화도 花島

마음으로만 간다

가게 된 것도 마음이기에

가는 뱃삯에 오는 배도 실렸다

그렇게 가는 곳이 화도다

화도의 꽃은 지붕이다

녹동, 소록도, 거금도를 지나다보면

붉게 바다 위로 떠 있는 건

꽃처럼 보이는 함성이다

아무리 멀리 봐도 발 아래

세월로 닮아선가

떠나지 못해 피어 있는

두 송이 꽃. 상·하화도

그래서 화도는

푸른 물 위로 뜬 하나님의 미소다

매일 서로를 바라다보는

윗녘 아랫녘에 오가는 물결이다

3부

이름을 찾아

개구리

턱을 불려 울고 싶다

불은 타는데

신神의 눈은 근심에 차 있고

찬 피를 끓이는 기포만 오른다

한 방울의 자유

한 방울의 평화

한 방울의 사랑

물속에서도 목이 마르다

뛰어도보지만 벅차다

오늘도 세포 몇 개는 죽은 듯

물은 끓는데

신神은 눈을 감는다

가을의 전설

여름이 부러졌다
유리창에 몇 점 빗물이 찍히더니
사람 곁에 우산이 보이고
돌아오는 길 아내의 말 속에서
가을 이야기가 비친 후
저녁은 전혀 다른 표정으로 다가왔다

찾던 바람도 창가에 모이고
TV 뉴스가 바뀌더니
창문도 긴장을 한 채
세력 잃은 선풍기만 우두커니 섰다
천대 받던 이불이 나래를 펴
이제 사람이 그리운 시간
아침을 꿈꾸며 잠든다

뙤약볕에 쓰러져 있던 고구마 밭

태양은 온 누리를 지배하고

줄기를 안은 채 잎으로 저항하던

긴 여름의 피말린 전투

그 마지막 전사들의 함성이

누런 잎으로도 펄럭이는 아침

비로소 가을이 열린다

여수도 울고 싶다

제주도 우는 소리가 여수까지 들린다

강봉남, 이복남이의 신음부터 도안응이아의 노래까지

분화구의 낮달이나 봉분 위의 할미꽃이나

곶바람에 얹혀 실려온다

살 타는 냄새

제주가 4.3이면 여수는 10.19인데

그 산에 벌초 가라 해서 대들었더니

여기도 빨갱이라고 불태워버렸다

여기도 사마귀, 도마뱀, 땅거미, 땅강아지 사는데

그래, 이념이네 의식이네 뭐라도 알았으면

차라리 덜 억울하겠다

벗어도 똑같은 세월 왜냐 했더니

도시를 불바다 만들고

14연대 반란이라고 꼬리표 붙여

풀벌레와 전쟁하듯

속 빈 붕어빵을 짓뭉겼다

그것도 한 물에 든 고기라고

어디 한恨이라고 다를까

결국 힘 센 놈이 자기 지키려 미친 걸

따져봤자 그 시대 그 놈들 짓인데

나라 허물은 벗기지 않고 색깔 맞춰 날뛰었던

그 아래 쓰러진 원혼에 어찌 차별이 있겠는가?

마래산 형제 무덤의 겨울은 언제나 끝날지

그 앞에서 오열하는 시인의 속눈물은 언제나 마를지

제주에서 오는 연락선은 아침, 저녁으로 우는데

여수는 아직도 실룩거리기만 하고 있다

시로 쓰는 여순항쟁

한꺼번에 고인 물이 터지듯이
먼저 울어야 한다
세계지도 속의 한 점이었기에
바다 속 해류에 쓸려갔던 여순의 절규를
승냥이에 농락 당하다 독수리와 곰에게 넘겨진 땅
이리 찢기고 저리 채이고
심지어 뱃속에 새끼까지 품어야 했던
통한의 세월 지난 70여 년
덮어진 채 스며들지도 못하고
뼈로서 증언한다
그 자식이 모래 위에 써보는 글 '아버지'
무명치마 하얀저고리 펼쳐 꽃잎처럼 날려보는
'아! 아, 여순이여······.'
아무리 머리를 곧추세워도
길 없는 길을 가야 했던 시절
손가락 하나에도 생명은 지고

불씨 하나에도 마을이 재가 되니

그 길 따라 걸으려면

눈물은 미리 다 빼버려야 한다

강 이야기

돌아볼 수도 없었던 것은
깡패같이 두드려 패는 물살 때문이었다
더 맑고 푸르게 흐르고자 했던 염원은
뒤섞인 흙탕물에 쓸려가고
저항하던 작은 돌부리마저 캐내버렸다

밋밋하게 소리없이 흐르던 어느 날
강 하나가 더해져 속을 비췄다
붉은 피가 아닌 검은 속살
어두워야 했던 시절의 잔혹사
속으로 흐른 것은 피눈물이었다

비로소 눈 뜬 강물들이 모이자
돌부리가 돌덩이 되어 소리치기 시작한다
파문으로 꽃피는 강으로 돌아와
숲과 어우러지는 그림이 된다

이제 담길 이야기만 남는다

돌아갈 수 없기에 바다를 향한다

억울함이 씻긴 바다

물고기가 자유롭게 놀 수 있는 바다

해를 틔우고 달을 안는

수많은 강들의 이야기가 넘실대는 바다로

여순항쟁의 서막

아팠던 제주의 열기가 닿았다

문상길의 기도가 파도로 밀려와

한국민족을 말살하는 한국군대가 되지 말라는

22살의 절규가 가막만에 닿았다

하나님의 법정으로 가는 길이었다

여수가 끓는다

거북선으로 나라를 지켰던 손길들이

밟히면서도 힘을 모았던 땀방울이

외세를 막고 동포를 위해 운다

출동의 시간은 다가오건만

제주토벌출동거부병사위원회

동족상잔 결사반대

미군 즉시 철수

가장 낮은 자의 소리는 땅으로 젖어들고

행군의 나팔은 천국을 향했다

싸우며 묻힐 곳은 지리산

부용산을 노래하며 오른다

죽음을 향한 발길

하늘 푸른 날

항쟁의 꽃은 동백으로 피어난다

떠도는 혼

그때는 그랬지

다 그랬어라

해방 되면 새 세상

지렁이도 기어나올 거라고

그런데 왠일이다요

그 놈이 그 놈이고 시끄럽기만 하더니

나라가 갈라지게 생겼다고 하지 않겠소?

대들었더니 빨갱이라 합디다

일제 때 끗발 재던 놈이

옷만 바꿔 입고 더 독 품고 달려듭디다

근데 이게 뭔 일이다요

기언치 큰 일 터졌다 하더만

전에 대든 일 있다고

난데없이 잡아다가 애기섬 앞에 빠쳐불지 않소

기가 막혀서…….

나는 그렇게 죽었지라

누가 알겠소 이 내 속을

그래도 떠돌다보니

건너 섬 오동도의 동백은 참 붉습디다

여순10.19의 기억

서러운 것은 배고픔만이 아니다
바람에도 소리는 들려오기에
목 떨어진 동백의 신음소리
차마 갈 수 없어 총을 들었다
반란이란다

억울한 것은 죽음만이 아니다
죽어 빨갱이로 덧칠하기에
핏줄조차 땅속으로 스며들어
안으로 안으로만 한이 맺혔다
귀축이란다

빼앗긴 것은 역사만이 아니다
학살당한 몸뚱이에서도 싹이 터
세월의 줄기를 타고 오른
달린 잎조차 자르려 했다

연좌제란다

이제 깃발을 들자!
동포를 죽일 수 없었다고
핏줄만은 떳떳이 흐르게 하자고
우리 땅에 우리 나무가 자라게 하자고
그래, 우리는 무죄라고

저항

사연 없는 무덤이 어디 있으랴
나무토막도 타면서 내는 소리가 있는데
입 달린 사람의 신음도
저항의 한 모습이다
손가락 하나로 삶의 눈을 감아도
포기한 걸음에 장작이 실려도
죽어가는 눈빛이 저항이다

우뚝 서서 총을 든 미군의 발 아래서
널브러진 시체 사이로
지아비를 찾는 어미의 온 몸은 저항이다
그 등에 업혀 배고파 우는 아이의 울음
운동장에 서 있는 고목이 붉어짐도
살기 위해 내지르는 함성
산자의 저항은 눈물이다

〈

피로 굳은 땅에 떨어지는 눈물

다시 꿈틀거리는 역사

흔적 없이 타버린 뼈조차 일어선다

시인에게서는 혼이

화가에게서는 살이

살아난 여인이 꽃을 뿌린다

저항은 꽃으로 피어난다

정기덕*

몸이 아프면 비로소 마음이 가듯

싸매어 둔 세월 70여 년에

풀어 헤집어 본 상처에서

인구부**가 아프다

굽어진 목줄처럼 능선 따라 휘어져

쉽게 꺾어들지 못한 감춤이

여수의 저항으로 외치던 날

놀란 엉덩이로 도망치던 장갑차의 분노에

녹색 그물망에 잡힌 메뚜기처럼

47마리 백성이 처형되고

정기덕도 죽었다

책 대신 탄약을 나르던 순천사범대생

피어나지 못한 채 붉게 시든 장미

여수의 애통함을 하늘에 알릴 때

지리산 어느 기슭에서 노래로 퍼질 때

거기에 늘 있을 소녀

〈

몸이 아프면 비로소 마음이 가듯

이제야 인구부를 찾아온 역사기행단 앞에

뻥 뚫린 두 길 사이에서

한없이 울고 있다

*정기덕 : 여순항쟁 때 인구부 전투에서 탄약을 운반하다 죽은 순천사범여대생
**인구부 : '왼쪽으로 구부러진 길'이라는 의미를 가진, 토벌군에 대항해서 싸웠던 여수 종고산 기슭에 위치한 여순 항쟁 시민군의 최초의 승리 장소

항쟁의 꽃

길 아래 흔적 없이 묻힌 원한

밟고 우리는 간다

뒹구는 낙엽의 외침도

상처 입은 잎새의 아픔도

외면한 채 걸음을 멈추지 않았다

그렇게 걷던 세월 칠십여 년

길가에 이름 모를 꽃 피어 있어

문득 들여다보니 서럽게 운다

저 밑에 장작에 묶여 잠긴 뼈들이 있다고

어린 시절 돌멩이 던지며 빌던 소원은

거짓의 증언이었다고

축축했던 마래터널의 아픈 손길을 막 벗어나니

겨울을 뚫고 핀 작은 꽃

건너편도 손짓한다

애기섬에서 흘린 피가 파도처럼 쳐온다고

조금 올라가면

모르는 사람들끼리 포개져 죽어 형제 되었다고

하도 슬퍼 물었더니

애기동백이란다

여·순의 달

세상이 어두워질 때 달은 뜬다

구름이 가린 후에도

비 온 후에도

달은 언제나 뜬다

1948년 여·순의 달은

손가락질 당한 빨갱이 달이다

낮의 수치를 어둠으로 감추려 한

친일 반민족 행위자들의 애걸과

갈라치기 권력이라도 탐하려 복걸했던

끝내지 못한 천추의 한들

달은 그 모습을 비췄기에

손가락질을 당했다

수많은 낮과 밤이 흐른 뒤

비로소 손가락이 자신을 향할 때

남북으로 찢긴 땅

청산하지 못해 동서로 갈라진

낮의 모습은 다툼이었다

그래도 낮은 무죄 판결을 받는다

언제나 밤이 촛불을 들었기에

여·순의 달이 죽지 않았기에

이윽고 세상이 밝아질 무렵

달이 숨는다

가슴 속에 맺힌 한

잘 참았기에

찬란한 태양이 떠올라

한반도를 안으며

여·순에 키스할 때

그 설움 보이지 않기 위해

여순항쟁의 추억

저마다의 땅은 발이 있어서다
딛는다는 것은
아무도 서러워하지 않았던 시작

1945년의 날들도 그러했다
잔인한 해가 지고 벌떼같은 별들이 몰려와도
눈은 푸른 하늘을 보았고
깃대 위에 국기들이 서로 조롱해도
푯대는 창공을 향했다
결코, 딛고 있는 땅도 원망치 않았고
몰아치는 바람도 탓하지 않았다

1948년의 여순도 그러했다
죽어 빨갱이 되는 세상에서도
발 디딜 곳 없어 쫓길지라도
산이 있기에 싸웠고

하늘이 있기에 타올랐다

이 땅 주인 되어 스스로 서기 위해

그렇게 흘렀던 세월

지금 서 있다는 것은

70여 년을 걸어왔다는 것이기에

이유없이 죽었을지라도 한 걸음이 되었고

그렇게 간다는 희망이 된다

여순항쟁이 꽃필 때

1948년 여순10.19가 반란이라고
구덩이에 묻었다
뼈라도 보일까봐 태워서 묻었다
그러니 어찌 바람이라도 불었으랴
흔적의 이름조차 파내려는 자식의 절규
'빨갱이'는 수십 년 갇힌 마음의 감옥
뗄 수 없는 시선들의 가시밭
뿌리째 파버리는 연좌제로
역사의 그늘에는 풀 한 포기 나지 않았다
그렇게 저물 듯했다

민주의 새벽에 뜨는 태양
4.19, 5.18 촛불혁명까지
장엄한 햇살이 비춰질 무렵
찬바람 뚫고 핀 애기동백
여순사건이라고 떨며 말했다

또다시 거친 군화에 짓밟힐까봐

이쪽 저쪽 살피며

반란이 아니라 억울하게 죽었다 하니

2020년 1월 20일에야 무죄라 한다

겨우 숨을 내쉰다

화가의 그림에서 살이 붙고

시인의 글에서 혼이 살아나

제정신 차리고 묻힌 땅을 돌아본다

제 동포 죽이라고

달라진 건 일제와 미제뿐인데

우리 땅 동강 내자고

배는 그대로 고픈데

누가 끽소리 안 할까보냐

거꾸로 해 보라

한민족 · 자주 독립 · 통일 · 복지국가

이제 꽃이 핀다

행복한 날

얼음 밑의 물은 따뜻하다
그만큼 추웠기에 따뜻하다
계절이 풀릴 때 돌아보면
새싹의 눈물이 섞여 있다는 것을 안다

순천법원 316호 법정의 불빛도 따뜻하다
늘 차가웠던 법이기에 따뜻하다
역사가 풀릴 때 돌아보면
판사의 눈물도 흐른다는 걸 안다

총 맞은 것처럼 아픈 오늘
"뭔 소린지 좀 들어봅시다."라고 했던
70여 년 전의 죽음이 다가와
무죄라는 선고에 흐느낌으로 찌른다

반성은 가해자가 먼저 해야 하기에

수없이 다듬어진 판사가 울 때

우리가 울고

역사도 울었다

참 행복한 날이다

무죄라니…….

살 만한 세상이다

하지만 아직도 멀었다

동백은 어찌 붉은가

보이지 않는다 하여 감춰진 건 아니다
고스란히 새싹은 새싹대로 크고
꽃은 꽃의 길을 갈뿐이다
함성이 멎었다 해서 소리가 죽으랴
창자 속 곳곳에 피로 스며들었는데
행여 70여 년 돌 속에 파묻혔다 해도
씻긴 피는 바다로 가고
다시 파도로 쳐 오르지 않느냐
어찌 동백을 붉다고만 하리
한이 서려 피다보니 붉어진 것을

감춘다 하여 지워지진 않는다
핏줄은 죽은 강을 건너서도 흐르나니
눈 감은 오늘도
덧난 역사에 소금을 바른다
짓밟히고 두드려 맞고 총살되었던

상처마다 차곡차곡 젓을 담는다

썩어 문드러져 새 살 날 때 피어나는

앙금같은 하얀 미소를 짓기 위해

동백을 노래한다

곰삭아 흐르는 눈물이 붉다

재생再生

거센 바람에 휩쓸린 낙엽은 글이 없다
그냥 우수수 떨어져 갔을 뿐
청소부가 쓸어서 태우고 나면
흔적없이 사라져
찾아 읽을 글이 없다
씨 떨어져 남길까봐 쓰지 않았기에
그냥 사라져갔을 뿐이다

그렇게 세월이 흘러도
역사에 끼었던 이끼에서 싹이 난다
눈과 귀와 입이 싹을 틔운다
피가 흐르든 물이 흐르든
안개로도 덮쳐 자란다
가시에 찔리던 숲이 되고
마침내 무죄를 부르는 메아리 된다

〈

돌아오지 않는 길은 없다

누군가 다시 시작하기에

거름 된 낙엽 속에서

글로 타오르는 투쟁의 불씨

숨어 있었던 마음밭의 미풍조차

불길을 돋운다

여순항쟁이 다시 살아난다

툭

다 내려놓은 마지막 하나

생명일 때는

붉다

쥔 손을 펴는 묵언(默言)이면

버리고 떠날 텐데

떨구어져 떠도니 동백이다

어느 모래펄에 묻힐

여수의 흔적이다

던지는 소리로 태어나면

빨갱이

손가락총으로 건드리는

장난같은 저주

70년 묵은 설움을 터뜨리는

봇물이다

한바탕 울고난 후 채비 차리는

다시 피는 여수의 동백이다

작품해설 ....

못다 한 함성, 촛불로 다시 피어나고

이 정 훈
(문학평론가)

　일본에 의해 저질러진 끔찍하고 잔인한 1937년 중국 난징 대학살의 역사를 담은 아이리스 장Iris Chang의 『역사는 힘 있는 자가 쓰는가』(미디어북스 2010)라는 책에서 살펴볼 수 있듯이 역사적 진실을 손바닥으로 가릴 수는 없다. 지난 촛불혁명이 보여주었듯이 일방적으로 권력에 강요당하고 희생당해 온 줄만 알았던 민중들이 이름 없는 샛강이 되고, 그 수많은 샛강들이 마침내 장강을 이루어 장강의 앞 물을 밀어냈던 현실을 우리는 목도한 바 있다.
　우리나라 현대사회에서 국가권력에 의한 제노사이드는 그 희생자들과 유가족들에게 씻을 수 없는 상처와 엄청난 고통을 안겨다 주었다. 그동안 70여 년의 세월이 지나면서 지역의 역사적 진실이 그 실체를 드러나기 시작하면서, 잊힌 지역의 어둡고 암울한 현대사에 대해 글 쓰는 작가라면 당연히 이 문제에 대해서 관심을 갖는 것이 인지상정일 것이다. 또한 그 역사적 실체를 독자들에게 전하는 수고를 마다하지 않고 작가적 사명으로 감당하려는 사람들이 있었다. 지금까지 이러한 역사적 문제에 대해서 지역 언론이나 학자들 또한 많은 작가들이 그 실체와 진상에 한 발자국 더 나가기 위해서 노력해 왔지만, 그 과정이 결코 순탄치만은 않았다.

이번 김칠선의 첫 시집은 전교조 해직과 복직을 거치면서 경험했던 교직생활과 교육주체들의 자원봉사단 활동 경험이 스민 작품을 비롯해서 여순항쟁이라는 대한민국 현대사의 굵직한 이정표에 이르기까지 다양한 시편들로 구성되어 있다. 지금까지 많은 작가들이 여순항쟁에 대해서 나름대로 그 실체와 진실을 밝히고자 붓을 놓지 않고 아픈 손으로 옥고를 써 왔던 일에 대해 우리는 너무나 잘 알고 있다.[1]

김칠선 시인은 전남 여수에서 태어나 성장했으며, 지역에서 학생들을 가르쳤던 전교조 해직 교사 출신이다. 그러한 그가 여순항쟁에 대해서 관심을 갖게 된 이유도 집안의 내력과 무관하지 않다. 여순항쟁 당시 불타버린 집안 이야기 때문이다. 시인은 어른들로부터 이 이야기를 듣고 자랐으며, 형님들로부터도 수많은 이야기를 들어왔으리라 여겨진다. 그가 이번 첫 시집을 통해서 우리에게 보여 주고자 하는 지향점은 바로 고향의 현대사, 당시 정치권력으로부터 소외되고 상대적인 사회적 약자였던 민중들의 한과 아픔을 함께 아파하고, 그때 억울하게 돌아가신 영령들의 이름과 명예를 회복하며, 죽은 이들을 위로하고, 그 넋을 추모하기 위함이다.

물론 이러한 역사적 문제에 대한 총체적 접근으로서 장르 면에서 볼 때, 시보다는 소설 분야가 서사적 힘을 발휘하는 데 더 적합하다는 생각이 들지만, 애가(哀歌)로서 시대적 아픔을 독자들에게 전하는 것도 나름대로 의미있는 문학적 성취라고 여겨진다.

몇 해 전 '제주 4·3 항쟁 추념 문학인대회'에 다녀오면서 책을 한 권 가져온 적이 있었는데, 바로 『그 역사 우리를 다시 부른다면』(도서출판 각 2018)이란 책이다. 그 책 내용에는 제주의 슬프고도 고통스럽던 4·3의 이야기가 고스란히 담겨 있다. 제주의 아픔과 유족의 슬픔에 대해서 연대와 추모의 마음을 담아 함께 노력하며 이런 문제에 대해서 끊임없이 문학적 작품으로 형상화했던 사람이 바로 제주의 김성주 시인이다. 그래서 필자는 김 시인에게 여순항쟁과 관련하여 '여수의 김성주 시인'이 되라고 말했던 기억이 난다.

시심이 머무는 곳

시인에게 있어서 시 쓰기는 소외된 이웃들에 대한 따스한 시선에서 비롯된다.

시인 보들레르^{C. P. Baudelaire}가 그의 산문시집 『파리의 우울』(1868)에서 파리라는 도시의 화려함과 안락함보다는 변두리의 버림받고 외로운 가난한 자, 늙은이 등 소외된 자들의 삶을 주로 노래했듯이, 김칠선 시인도 당대 삶의 현장으로서 주변을 줄곧 응시하며 그에 대한 무한 애정과 신뢰를 보낸다. '고목이 된 벚꽃', '변방', '독거노인', '풍물패 상쇠', '부평초' 등 시집 도처에서 그러한 징후들이 포착된다.

이러한 '연민의 목소리'는 보들레르 연구가 뤼프^{M. A. Ruff}가 이야기했듯이 "가슴에서 솟아나는 가장 애절한 목소리"임에 틀림없다.

조금 더 피고자 하는 꽃은
머무르고 싶기 때문이다
기다리던 날이 오고
서로 부비며 가지마다 뚫고 나와
한 겨울이 갔음을
시린 날의 고통이 가라앉았음을
꽃잎으로 뭉쳐 외친다

고목의 심겨졌던 날을 탓하지 말라
맞서 싸웠던 당당한 세월을 알기에
침묵으로 웃지 않는가
한 잎 떨구는 미소가 눈물임을
벌들이 대신 통곡하지 않는가

이제 떨어져 꽃 잔에 머물면
수많은 시신들이 바람에 쓸려 가리

-「벚꽃 엔딩」부분

효도하게 하는 공부는 학교에서 못 시켜요
좀 도와주세요
선생의 사정사정에 녹아드는 할머니
다녀간 자리도 탁탁 털기 십상인데
대문을 열어둔다
보름에 한 번 날아들어 기웃거리는 참새 떼 마냥
마당에서 부엌으로 청소꺼리를 찾지만
손길은 이미 와 닿아 있다

머리카락 뽑기는 애초에 틀렸기에
누운 할머니 손발 하나씩 맡아 주무른다
게슴츠레 뜬 눈으로 온 종일 뛴다고 푸념하는
할머니 TV에는 마라톤 중계
아무래도 옛이야기 하고 싶으신 모양이다
손 아플 거라고 그만 하라지만
싫지 않은 표정에 신이 난다

처마 밑 비료포대
아이들이 찾아 온 날부터 이야기가 새어나가
닫혔던 이웃들이 들여다보더니
이장님이 갖다 놨다
대포집의 아버지들도
손가락 하나 까딱 않던 자식들이 남의 집 청소한다고
놀리는 듯 자랑하며 안주거리로 삼는다

담장 가의 감나무는 평생 간식
　　할머니 눈에서 떠나지 않더니
　　점점 무르익어 노을빛이 서릴 때
　　까치와의 전쟁이 시작되었다
　　전리품으로 따 놓은
　　아랫목 바가지에 담겨있는 홍시 감
　　아이들의 간식이 되었고
　　할머니는 마음을 되찾았다

　　　　　　　　　　　　　-「홍시 감」전문

　타자에 관한 관심은 시인의 교직생활 중 함께 했던 자원봉사단 활동에서도 여실히 드러난다. "효도하게 하는 공부는 학교에서 못 시켜요./좀 도와주세요."특히 독거노인을 찾아다니며, 어르신들이 외롭지 않도록 말벗이라도 되어드리려는 마음으로 학생들과 함께 대문을 두드리는 모습이 선하게 들어온다. "손 아플 거라고 그만 하라지만/싫지 않은 표정에 신이"나는 할머니의 모습 속에서 참교육을 실천하는 화자의 모습이 오버랩 된다. 온종일 TV만 바라보는 할머니에게 이날따라 온 집안이 부산하게 보인다. 찾는 발길 뜸하던 감나무 집에 모처럼 활기가 넘쳐난다. 더불어 사는 우리 이웃들의 모습을 재현한 시에서 이웃과의 교감을 통한 사랑이 정말 소중하다는 것을 깨우쳐주는 대목이며, 봉사하러 온 학생들에게 뭐라도 대접하고자 미리 따 놓은 홍시 감을 내놓는 할머니의 손길이 화자의 마음에도 환한 등불로 따스하게 비쳐드는 대목이다.

한편 시학적 측면에서 '시와 자비심'poesié et charité은 어쩌면 시인에게 이중적 태도를 잘 설명해주는 핵심어다. '자비심'이 타자의 고통에 민감한 감정을 의미한다면, '시'는 그러한 자비심 속에 나타나는 개인적이며 세련되게 감춰진 쾌락을 의미한다. 다시말해 시가 도덕과 독립되어야 한다고 주장한 보들레르나 에드거 앨런 포의 말을 다시 음미해 볼 필요가 있다. 시에 있어서 자비심이란 박애주의적 도덕을 강조하는 것만은 아니라고 생각한다.

먼저 시인이 이러한 소외 계층에 대해 관심을 갖게 된 최초의 순간, 그 희열의 과정에서 '타자와 동일화'에 의해 라포르rapport를 쌓아가는 과정, 그리고 마지막 단계로서 가슴에서 솟아나는 사랑의 실천 과정에 이르기까지 시적 형상화에 있어서 매 과정이 중요할진대, 시인이라면 타자나 세계와 첫 직면하게 된 호기심의 과정 또한 놓칠 수 없는 대목이며, 이를 시로 쓰게 된 기쁨 속에 찾을 수 있는 시인만의 세련되고 비밀스러운 즐거움을 간직할 수 있어야 한다는 의미다.

시인의 따스한 시선이 우리의 현실에 머무를 때, 시인은 냉엄한 현실을 질타하며 준엄하게 말한다. 다음 작품에서 시의 화자는 중심부가 아닌 변방에서 황금만능주의와 출세주의에 맞서서 붓으로써 횃불을 들라고 요구하고 있다. 오늘날 글 쓰는 사람의 마음가짐이

나 태도를 다시금 추스르게 하는 대목이다. 시인은 소외된 자나 사회적 약자에 대해 시적 화자의 마음에 녹아들어, 글을 쓰는 데도 이러한 맘으로 우리 이웃에게 봉사하고, 사회 적폐 세력에 대해 과감히 저항의 횃불 들기를 염원하고 있는 것이다.

그대 글을 쓰려거든 변방으로 가라
고독한 광야에서 어둠과 맞서
첫 칼을 휘두르다 피 흘리는
아스라한 곳의 전설이 되라
꽃향기도 알지 못하는 담장을 넘어
단지 인류의 한 사람으로
너의 글 하나로 쓰러져
바람에 실려 오는 인향(人香)이 되어라
물밀 듯 밀려오는 황금만능에 맞서
야망과 욕망으로 점철된 출세주의에 맞서
생존 경쟁의 폐허 속에서
냉혹한 이들과 한 판 승부를 펼쳐라
그대 순수함의 방패와 열정의 창으로
감정과 언어와 운율이 만든 의미를 더하여
농밀하게 응축된 시를 써라
혹간 가난과 외로움, 고통과 서글픔의 반란이 일더라도
막막하고 분한 감정 통찰로 이겨내고
시로써 불타는 횃불을 들어라
변방에 홀로서서 횃불을 들어라

-「변방으로 가라!」전문

하지만 위 인용시에서 '~ 가라' 혹은 '~ 되어라'라는 어미는 시의 화자의 바람이나 갈망의 간절한 표현이라고 볼 수 있으나 한편으로 독자를 계도하려는 경향이 강하다는 느낌을 지울 수 없다. 가령 시국과 관련된 작품 중에서 그러한 성향이 두드러지는데, "길 잃은 나라에는 촛불이 켜지고/짙었던 어둠만큼 밝아지면/봄이 오고 나비가 난다/나라다운 나라를 향해//맑은 하늘아래 사람이 살고/빈터에서 걱정 없이 노는 아이들/무엇하나 밟은 수 없기에/피해 먼 길을 떠나자/괜히 어려운 소리 말고/잃어버린 고향을 찾아/슬픔과 고통을 나누자."(「나라다운 나라로」) 이러한 대목에서 대중을 선도하고 계몽하려는 느낌을 강하게 받는다.

과거 참여시나 노동시에서 시의 화자가 흔히 미리 준비된 메시지를 염두에 두고 시상을 펼쳐나갔던 적을 어렵지 않게 발견할 수 있다. 하지만 포스트모더니즘 계열의 시처럼 특정 주제를 강조하지 않는 '열린 시'를 지향하는 경우도 쉽게 찾아볼 수 있다. 그러한 '열린 시'란 독자들이 특정 결론에 도달하도록 수렴시키려 한다든지 특정 사안에 대해 (시의)화자의 판단을 쉽게 내비치려 하지 않는다는 특징을 지니고 있다. 이는 시의 화자를 통해 시인의 생각을 직접 전달하거나 독자를 계도하려 하지 않는다는 것을 의미한다. 한 편의 시를 읽고 작품을 이해하는 것은 오롯이 독자의 몫이며, 독자는 개인의 경험이나 그가 속한 역사적·사회적 환경을 통해 시를 다채롭게 이해할 수 있다. 시인은 시의 화자를 통해 시를 주체적으로 이끌어가기보다는 독자의 그런 즐거움을 배려하고 안내할 마음의 여유가 있어야 한다.

또한 시인은 언어적 상상력을 어느 정도 배려하는 노력이 필요하다. 시는 언어적 상상력에 의해 다른 장르에서 표현할 수 있는 그 어떤 내용보다 더 새롭게 사건의 실체나 세계를 구체적이고 감각적으로 느낄 수 있게끔 이미지로 재현하고, 그렇게 함으로써 시 장르만이 담을 수 있는 독특한 문학적 특성을 지니고 있다는 점을 생각해야 한다.

시심詩心, 촛불로 다시 피어나며

김칠선의 시에서 화자에 의한 사회참여는 지극히 자연스럽게 시인의 삶과 연관되어 있다. 앞서 이야기했듯이 시인 자신이 해직교사 출신으로 복직에 이르기까지 경제적 어려움뿐만 아니라 많은 마음고생을 겪은 바 있다. 지금도 시인은 시민사회단체의 각종 행사나 연대모임에 빠지지 않고 참여하려 노력한다. 아이들을 사랑하고 이웃에 봉사하고자 했던 초심의 상태로 항상 돌아가 사회현상을 바라보고 사회정의를 몸소 실천하는 중이다.

둥지에 바람이 불어서도 아니다
뛰어내려야 할 때이기에
새끼들이 첫 나래를 편다
날아야 하기에 떨어진다

바람 부는 날 저녁
둥지같은 컵 속에서 붙여진 불도
들어야 할 때이기에
제 몸 태우며 일어선다

진눈깨비 내리는 병신년^{丙申年} 11월 26일
마음에 이미 지펴진 불씨 살려
타올라 태워버려야 하기에
광장에 선다

흐르는 눈물에 반짝이는 빛
왜, 두렵지 않으랴!
생사의 갈림길
떨어지고 들려지며 타오르는 생명이

멀지 않은 세월 속에 사라져 갈
운명으로 가는 길
함성으로 모아지는 기도 따라
촛불 하나를 더한다

-「촛불 하나를 더하며」 전문

그런데, 위 시에서 "바람 부는 날 저녁/둥지 같은 컵 속에서 붙여진 불도/들어야 할 때이기에/제 몸 태우며 일어선다." 대목에서 아쉬운 점은 광장에 모여 함께하는 촛불시민의 모습이 핍진하게 그려지지 않는다는 점이다. "촛불 하나를 더하"는 연대의 힘으로 그 자리에 모인 광장의 뜨거운 열기나 함성이 우리 맘 깊숙이 전달되는 데 뭔가 부족하다는 느낌이 든다.

 시 쓰기에 있어 시인의 '경험과 세계의식'에 대해, 어느 담화에서 백무산 시인은 다음과 같이 말한 적이 있다. "경험은 자신의 현재 상태, 삶의 상태, 존재에 대한 세계의 이해를 드러내는 것입니다. (…) 과거에 참여시나 노동시는 엄혹한 독재 시절에 격문 같은 것을 마구 토해냈던 적도 있죠. 그것은 경험적이기보다 앎에 의한 분노의 표현이 적지 않았지만 역사적 진실을 정면으로 응시하려는 개인의 의지는 순수성의 표현이라고 할 수 있습니다. (…) 당대의 경험을 통과하지 못한 세계의식이 그대로 시가 될 수도 없습니다."(『창작과비평』 2020년 여름호, 449면)

 김칠선의 시에도 그런 역사적 진실을 바라보는 순수성이 깃들어 있다. 다만 "앎에 의한 분노의 표현"으로 치우치는 것을 시인 스스로 경계해야 할 것이다. 이와같이 경험으로서 통과하지 못한 세계의식이 시로 형상화되기 위해서 〈타자와의 동일화 l'identification avec les autres〉가 필요하다. 즉 타자와 관계를 맺음으로써 그들의 삶에 적극적으로 참여하는 방식이다. 이는 연대의 힘으로 각 주체들을 결속시키는 데도 매우 중요한 역할을 한다. 과거를 소회하는 일도 때론 개인의 성찰에 도움을 주겠지만, 사회 적폐를

물리치고자 하는 연대의 투쟁, 공동체 의식 역시 매우 중요하다.

하얗게 온 세월에 물을 들인다

새치가 생겨나던 5.18
지랄탄의 하얀 가루가 미친 듯 쫓으면
노동청 높은 담은 왜 그리도 낮던지
정신없이 넘고 뛸 때
아가씨가 물수건을 내민다
친구는 하얀 저고리에 수인번호 달고
그 맑은 모습에 눈물만 뚝뚝

귀밑머리조차 희어질 무렵엔
참교육의 깃발
못 다한 함성, 못 쏟았던 눈물
서울로 향하다 잡히면
언제나 살아났던 '임을 위한 행진곡'
신풍파출소 앞 그 뜨거운 아스팔트에서 구워지던
굴비 같은 동지들

한 바퀴 돌아 찾아온 세월
길을 찾아 나선다
노동청 길, 신풍파출소 길, 친구가 다녔던 길
어느덧 역사 속에 묻힌 눈물의 길
그래도 하얗게 온 세월이기에
비켜가지 않았던 마음 고이 접어
염색을 한다

내일로 가기 위해

-「염색」전문

　이 시의 압권은 시의 화자가 다시 "내일로 가기 위해" 귀밑머리를 염색한다는 대목이다. 화자 나름대로 학생·교육운동으로 산전수전을 겪으며 살아온 삶의 열매가 한 알의 밀알로 결실하는 것으로 안착될 수 있겠지만, 들메끈을 고쳐 매고 다시 역사의 현장으로 나가겠다는 결연한 의지에서 시의 진가가 한층 더 빛난다. 그러한 역사는 "그렇게 세월이 흘러도/(…)/눈과 귀와 입이 싹을 틔운다/피가 흐르든 물이 흐르든/안개로도 덮쳐 자란다/가시에 찔리던 숲이 되고/마침내 무죄를 부르는 메아리 된다"(「재생」) 그리하여 화자는 마침내 외친다. "돌아오지 않는 길은 없다/누군가 다시 시작하기에/거름된 낙엽 속에서/글로 타오르는 투쟁의 불씨/숨어 있었던 마음 밭의 미풍조차/불길을 돋운다/여순 항쟁이 다시 살아난다"(「재생」)
　시의 화자가 말하고자 했던 바는 오늘의 촛불정신이 우리 맘속에 오롯이 계승되어, 시간을 거슬러 우리의 치부였던 현대사의 비극과 감춰진 진실을 불러내는 일이었다. 화자는 우리에게 묻고 있다. 촛불정신의 적자라고 자임하는 우리들에게, "그 역사 우릴 다시 부른다면" 우리는 지금 어떻게 할 것이냐고.
　그래서 다음과 같은 행복감은 우리의 가슴을 뭉클하게 한다.

얼음 밑의 물은 따뜻하다
그 만큼 추웠기에 따뜻하다
계절이 풀릴 때 돌아보면
새싹의 눈물이 섞여 있다는 것을 안다

순천법원 316호 법정의 불빛도 따뜻하다
늘 차가웠던 법이기에 따뜻하다
역사가 풀릴 때 돌아보면
판사의 눈물도 흐른다는 걸 안다

총 맞은 것처럼 아픈 오늘
"뭔 소린지 좀 들어봅시다."라고 했던
70여 년 전의 죽음이 다가와
무죄라는 선고에 흐느낌으로 찌른다

반성은 가해자가 먼저 해야 하기에
수없이 다듬어진 판사가 울 때
우리가 울고
역사도 울었다

참 행복한 날이다
무죄라니……. 살만한 세상이다

하지만 아직도 멀었다

-「행복한 날」 전문

여순항쟁과 관련된 장환봉 씨 사건의 무죄판결[2]을 소재로 쓴 시에서, 얼음장 밑의 물이 봄을 재촉하듯이 살벌한 분위기의 법정도 그날만큼은 '따뜻하다'고 말한다. 또한 "역사가 풀릴 때 돌아보면/판사의 눈물도 흐른다는 걸 안다"고 하였다. 억울한 마음으로 묻어온 오랜 시간 끝에 해원의 역사가 기다리고 있었다. "참 행복"하고 "살만한 세상"이라고 시의 화자는 말한다. 하지만 아직 가야할 길은 멀고, 정작 지금부터다. 지금까지 달려온 길의 정점에서 숨고르기 할 때가 아니라, 다시 아스라이 펼쳐지는 역사의 현장에 서있음을 시의 화자는 깨닫는다.

그 시점에서 우리 현대사의 질곡을 회고하는 화자를 또 다시 만날 수 있다.

저마다의 땅은 발이 있어서다
딛는다는 것은
아무도 서러워하지 않았던 시작

1945년의 날들도 그러했다
잔인한 해가 지고 벌떼 같은 별들이 몰려와도
눈은 푸른 하늘을 보았고
깃대 위에 국기들이 서로 조롱해도
푯대는 창공을 향했다
결코, 딛고 있는 땅도 원망치 않았고
몰아치는 바람도 탓하지 않았다

1948년의 여순도 그러했다
죽어 빨갱이 되는 세상에서도
발 디딜 곳 없어 쫓길지라도

산이 있기에 싸웠고
하늘이 있기에 타올랐다
이 땅 주인 되어 스스로 서기 위해
그렇게 흘렀던 세월

지금 서있다는 것은
70여 년을 걸어왔다는 것이기에
이유 없이 죽었을지라도 한걸음이 되었고
그렇게 간다는 희망이 된다

-「여순항쟁의 추억」 전문

    화자는 빨갱이였기 때문에 죽은 것이 아니라 "죽어 빨갱이 되는 세상" 속에서 살아왔음을 깨닫는다. 그 통한의 70여 년 동안 바람 잘 날 없이 인고의 세월을 견뎌왔지만 역사를 향한 한걸음 한걸음으로 "그렇게 간다는 희망" 하나로 버텨왔던 것이다. 바로 그 희망은 불의에 굴하지 않는 '저항'이 있었기에 가능한 것이었다. 이런 화자의 마음은 사회 부조리와 타협하지 않고 어떠한 역경과 시련이 있을지라도 정의와 진실을 추구하려 했던 시인의 삶과 바로 맞닿아 있다.

    다만, 앞서 언급했듯이 시민사회와 함께 연대하는 '저항의 힘'이 더욱 웅숭깊게 묘사되었으면 하는 바람이다. 그 연대는 함께 싸우는 데 서로 격려가 되고 힘이 되는 것이기에, 지치고 힘들 때 서로 붙잡아주고 일으켜주는 원동력이 되기에 더욱 소중하고 값진 것이다.

사연 없는 무덤이 어디 있으랴
나무토막도 타면서 내는 소리가 있는데
입 달린 사람의 신음도
저항의 한 모습이다
손가락 하나로 삶의 눈을 감아도
포기한 걸음에 장작이 실려도
죽어가는 눈빛이 저항이다

우뚝 서서 총을 든 미군의 발 아래서
널브러진 시체 사이로
지아비를 찾는 어미의 온 몸은 저항이다
그 등에 업혀 배고파 우는 아이의 울음
운동장에 서 있는 고목이 붉어짐도
살기 위해 내지르는 함성
산자의 저항은 눈물이다

피로 굳은 땅에 떨어지는 눈물
다시 꿈틀거리는 역사
흔적 없이 타버린 뼈조차 일어선다
시인에게서는 혼이
화가에게서는 살이
살아난 여인이 꽃을 뿌린다
저항은 꽃으로 피어난다

-「저항」전문

 화자는 그 저항에 대해 이렇게 말한다, "나무토막도 타면서 내는 소리가 있"다고. 그냥 타는 것이 아니라 '타닥타닥' 소리 내며 탄다고. 그리하여 역사의 진실이 밝혀지는 날 "흔적 없이 타버린 뼈조차 일어선다."고 외친다. 성경 에스겔서에 나오는 골짜기의 마른 뼈들이 다시 생기를 얻어 육신의 몸으로 부활되듯이 그 날의 희생자들이 다시 역사 앞에 진실을 밝히며 당당히 걸어나온다. 화자의 '못 다한 함성'이 마침내 그들을 불러낸 것이다.

전교조 시절부터 사회 부조리나 적폐에 대해 과감히 맞서고자 했던 시인의 순수성이 석영처럼 반짝이며 견고했었기에, 시인은 지금도 이러한 역사 왜곡이나 적폐를 일소시키는 데 대해 사회단체들과 연대의 끈을 놓지 않고 있다. 시의 화자를 통해 드러나는 '역사바로알리기' 운동으로서 결의나 희생자에 관한 명예회복의 염원이 깃든 마음들이 시집 전체에 고루 배어 있다.

오늘날 전 세계적으로 빈부격차 문제에서 무역 전쟁, 인종차별, 성차별, 기후변화, 환경문제 등에 이르기까지 세대·계층 간 갈등이 심화되고 있다. 작가가 글을 쓰는 이유 중의 하나도 이러한 사회문제에 대해 외면하지 않고 불합리하고 모순적인 정치권력에 대해 소외되고 연약한 자들의 목소리를 대변하기 위함이 아닐까 생각한다.

미 대선 당시 빌 클린턴 대통령의 선거 캠프 고문이었던 제임스 카빌이 흑인 인권 문제를 다룬 하퍼 리 Harper Lee의 『앵무새 죽이기』(1960)를 읽고서 "이 작품을 읽는 순간 나는 그녀(작가)가 옳았고 내가 틀렸다는 사실을 깨닫게 되었다"고 고백했듯이, 우리나라 현대사에 대한 올바른 인식과 자리매김에 대해 다소 소원疏遠했던 독자들이 이 시집을 읽고 자신의 생각을 되돌아볼 수 있는 계기가 되었으면 하고 소망해본다.

미주)

1) 이에 대해서 다음과 같은 글에 설명된 문학작품을 참조할 수 있다.
졸고, 「현대문학에 투영된 여순항쟁의 의미」 『여수작가』, 시와사람, 2017. / 여수지역사회연구소, 『여순사건 공동수업자료집』, 2019. / 전라남도교육청, 『여수·순천 10·19사건』, 2019.

2) 광주지법 순천지원 형사1부(재판장 김정아)는 2020년 1월 20일 순천지원 316호 형사 중법정에서 열린 여순사건 민간인 희생자 장환봉(당시 29·순천역 철도원)씨의 재심에서 무죄를 선고했다. 장씨 등은 1948년 11월 10일 전남 순천에서 반란군을 도왔다는 혐의로 군경에 체포된 뒤 20여 일 만인 같은 달 30일 순천역 부근 이수중 터에서 총살됐다. 당시 군법회의는 이들에게 내란과 국권문란죄를 적용해 사형을 선고하고 집행했다. 피고인이 생존수형자였던 제주4·3의 재심과 달리 사망한 피해자에게 공소기각이 아닌 무죄 판결을 했다는 점에서 억울한 피해를 바로잡고자 한 첫 사례로 그 의미가 크다. 김 재판장은 판결을 맺으며 "장씨는 좌익도 우익도 아닌 명예로운 철도공무원으로 국가 혼란기에 묵묵하게 근무했다. 국

가권력에 의한 피해를 더 일찍 회복해 드리지 못한 점 머리 숙여 사과드린다"고 말한 뒤 한동안 눈시울을 붉히기도 했다. (『한겨레』 2020.1.20.)

추천사
(도서출판 문학의봄 대표/시인/평론가 개동 이시찬)

 아직 진상규명이 끝난 것은 아니지만 제주 4.3항쟁은 공식적으로 반란에서 민중항쟁으로 자리매김 되었다.
 그런데 4.3항쟁과 떼어놓을 수 없는 여순항쟁은 왜 아직도 사건 혹은 반란으로 남아있는가?
 시인의 고민은 여기서부터 시작되었고 연구와 발품을 팔아 왜곡된 역사를 바로잡고자 무던히 애써왔다.
 하지만 연구와 발품만으로는 이를 대중화시키는 데 한계를 느껴 펴낸 것이 시집 『한 바퀴 돌아서』이다. 시인은 2001년 16대 국회 이후 8차례나 발의된 '여순항쟁특별법'이 상임위도 통과하지 못하고 자동폐기된 과정을 울분을 삼키며 지켜봐야만 했다. 따라서 이 시집은 깨어 있는 독자들의 동참을 호소하는 동시에 미적거리는 입법부에 대한 경고이기도 하다.
 이 시집은 독자들로 하여금 여순항쟁을 바르게 이해하는 계기가 되게 할 것으로 보인다.

추천사
(도서출판 문학의봄 출판국장/시인, 박찬희)

계간 문학의봄을 통해 시인과 수필가로 등단한 김칠선 시인은 선이 굵은 사람이다.

그의 걸쭉한 남도소리를 처음 들었을 때, 그의 내면에서 끓고 있는 마그마가 있음을 직감했었다.

이번에 내놓은 첫 시집 〈한 바퀴 돌아서〉는 그의 됨됨이처럼 선이 굵다. 단어 하나 문장 하나 모두 선이 굵다. 민족 역사의 아킬레스건을 정직하게 마주하면서 때로는 질펀하게 때로는 처절하게 언어를 조탁했다.

그래서 그의 시어는 힘이 있다. 마치 개벽의 소리처럼 지축을 흔들어 깨우는 역사의 진실에 대한 희구와 삶을 대하는 진정성이 백미다.

시로 여는 새 세상, 개벽의 나팔소리가 여수에서부터 시작되어 우금치를 거치고 광화문을 거쳐 백두로 울려 퍼지는 소리를 듣는다.